Dieses Buch gehört:

Erhard Dietl lebt als freier Schriftsteller und Illustrator in München. Er hat über 100 Kinderbücher veröffentlicht, mit großem nationalem und internationalem Erfolg. Seine Bücher wurden mehrfach ausgezeichnet. Zu seinen erfolgreichsten Figuren gehören die anarchischen Olchis, die sogar Büchermuffel zum Lesen und Lachen bringen.

Erhard Dietl

Die Olchis und
die große Mutprobe

Verlag Friedrich Oetinger · Hamburg

Inhalt

1. Es geht los!

Die Olchis haben auf ihrem Müllberg
alles, was sie brauchen:
feinen Abfall,
braune Schlammpfützen
und eine gemütliche Muffelhöhle.

Nur den Olchi-Kindern wird es
manchmal ein bisschen langweilig.
„Wir möchten mal wieder Tante Olga
an der Nordsee besuchen!",
jammern sie.

Aber Olchi-Papa meint:
„Ich mag nicht verreisen."
Und auch die anderen Olchis
haben keine Lust
zu einem Ausflug.

Deshalb schlägt Olchi-Papa
den Olchi-Kindern vor:
„Wenn ihr wollt,
könnt ihr auch
allein zu ihr fliegen.
Ihr seid doch schon groß!"

„Windiger Hühnerfurz!
Das wird bestimmt
ein Abenteuer!",
freuen sich die Olchi-Kinder.
„Wir fliegen gleich los!"

Sie klettern sofort
auf ihren Drachen Feuerstuhl.

„Haltet euch gut fest!“,
ruft ihnen Olchi-Mama noch zu.
Da donnert Feuerstuhl
auch schon los.

2. Das Geheimzeichen

Am Nachmittag kommen sie
in Pampendorf an der Nordsee an.
Sie landen am Strand
auf einem verlassenen Schrottplatz,
direkt neben Tante Olgas Hütte.
„Hallo! Wir sind's!",
rufen die Olchi-Kinder und treten ein.

Bei Tante Olga gibt es keine Möbel.
Nur vergammelte Teppiche
und ein paar Matsch-Bilder
an der Wand.
Die hat Tante Olga alle selbst gemalt.

Auch lustige Schrott-Kunstwerke
stehen herum,
die man leider nicht anknabbern darf.

Auf einem Autoreifen sehen sie
Tante Olgas Sohn Othello sitzen.
„Hallo, ihr kleinen Stinkstiefel!",
begrüßt er die Olchi-Kinder.
„Lässt sich die Verwandtschaft
auch mal wieder blicken!"

Othello zerstampft Krabben-Schalen
in einer Kaviardose.
Er macht gerade Krabben-Limo.
„Wo ist denn Tante Olga?",
fragt das eine Olchi-Kind.

„Nicht da", sagt Othello nur.
Er trägt schlabberige Hosen
aus blauen Mülltüten.
Seine Olchi-Haare
sind knallrot gefärbt.

Die Olchi-Kinder bestaunen
ein rostiges Vorhänge-Schloss,
das an Othellos Nase baumelt.
„Nasen-Piercing", sagt er lässig.
„So was gibt es
bei euch sicher nicht, was?"

„Doch, aber wir hängen es uns
nicht an die Nase",
meint das andere Olchi-Kind.
„Wir essen so was lieber!"

Um den Hals
trägt Othello eine Schnur
mit einer schwarzen Muschel.

Er zeigt darauf
und flüstert sehr geheimnisvoll:
„Die Muschel ist ein Geheimzeichen.
Habt ihr etwa noch nichts
von der Muschel-Bande gehört?"

„Schlapper Hühnerich!
Was denn für eine Muschel-Bande?",
wundern sich die Olchi-Kinder.

„Jeder in Pampendorf
kennt die Muschel-Bande!",
sagt Othello.

„Alle wollen dazugehören,
aber nicht jeder schafft es.
Man muss dafür nämlich
drei Mutproben bestehen.
Matschige Qualle,
das ist ziemlich schwer!"

„Was für Mutproben denn?",
fragt das eine Olchi-Kind.

„Ihr würdet das nie schaffen.
Vergesst es!
Für kleine Kinder ist das nichts",
sagt Othello.

14

„Muffel-Furz-Teufel!",
ruft das andere Olchi-Kind empört.
„Wir sind schon groß!
Wir sind ganz allein hergeflogen!"

„Fliegen kann jeder", meint Othello.
„Das hier ist was ganz anderes."
Aber die Olchi-Kinder
lassen nicht locker.
„Wir wollen die Mutproben machen!
Wir wollen auch
zur Muschel-Bande gehören!"

Othello sieht sie durchdringend an.
„Na gut", sagt er.
„Lausige Sumpf-Assel,
wenn ihr unbedingt wollt,
kommt mit!"

3. Der Todesfelsen

Sie laufen ein Stück
den Strand entlang.
Othello hält bei einem Felsen an,
der haushoch aus dem Schlick ragt.

Er erklärt die erste Aufgabe:
„Ihr müsst
mit verbundenen Augen
vom Todesfelsen springen!"

„Springst du auch?",
fragt das eine Olchi-Kind.
Othello schüttelt den Kopf und sagt:
„Ich doch nicht!
Ich hab die schwarze Muschel
ja schon."

16

Die Olchi-Kinder sind bärenstark.
Das Hinaufklettern ist kein Problem.
Ganz oben treten sie
nah an die Kante des Felsens.

Othello ruft ihnen zu:
„Jetzt die Augen verbinden!"
Die Olchi-Kinder binden sich
ihre T-Shirts um den Kopf.
„Absprung!", ruft Othello.

„Eins, zwei, Hühnerbrei!",
kreischen die Olchi-Kinder.
Mit einem mutigen Satz
springen sie beide gleichzeitig ab.
Sie rudern mit den Armen,
dann sind sie auch schon unten.

Bis zu den Knien stecken sie
im feuchten Matsch.
„Schleime-Schlamm und Käsefuß!
Das hat Spaß gemacht!",
kichern die Olchi-Kinder.

„Das Lachen wird
euch noch vergehen",
brummt Othello.
„Jetzt kommt die zweite Prüfung!"

4. Die Pfirsich-Prüfung

Sie laufen zurück zur Hütte.
Othello holt vier Pfirsiche
und gibt sie den Olchi-Kindern.
Die Früchte sind schön matschig,
riechen aber schrecklich frisch.

„Die sollen wir aufessen?",
fragt das eine Olchi-Kind ungläubig.
Othello grinst und nickt.
Mit spitzen Fingern
greifen die Olchi-Kinder
nach dem Obst und schnüffeln daran.

„Reinbeißen!", ruft Othello.
Die Olchi-Kinder
verdrehen die Augen
und halten die Luft an.

„Hab ich's nicht gesagt?
Ihr schafft es nicht!",
freut sich Othello.
Aber die Olchi-Kinder nehmen
ihren ganzen Mut zusammen.

Sie stopfen sich die frischen Pfirsiche
in die Münder
und schlucken sie tapfer hinunter.

Auf ihren Knubbelnasen
sieht man sofort
ein paar ungesunde bunte Flecken.
So was passiert immer,
wenn sie etwas Frisches erwischen.

Sie rülpsen kräftig
und schieben sich schnell
eine Handvoll Matsch in den Mund.
Matsch hilft ganz gut
gegen Flecken.

„Schrottige Sumpf-Wanze!",
meint das andere Olchi-Kind.
„So ein paar Flecken machen uns
doch gar nichts aus!"

„Freut euch nicht zu früh",
sagt Othello düster.
„Jetzt kommt
die schwerste Aufgabe!"

5. Die Seifen-Prüfung

Othello erklärt ihnen
die dritte Mutprobe:
„Ihr müsst Parfümseife besorgen
und euch damit blitzblank waschen!"

„Parfümseife?",
rufen die Olchi-Kinder erschrocken.
„Spotz-Teufel!
Wo sollen wir die herbekommen?"

Othello zeigt ihnen am Strand
ein dickes Abwasser-Rohr.
Das Rohr führt hinüber
zum Pampendorfer Hotel.

„Durch die Röhre könnt ihr
bis zum Hotel kriechen", erklärt er.
„Dort müsst ihr dann
nach Seife suchen!"

„Ach, du lausiger Hühnerich",
seufzen die Olchi-Kinder.
Othello grinst.
Er weiß,
dass diese Aufgabe unlösbar ist.

Tapfer kriechen die Olchi-Kinder
in das finstere Abwasser-Rohr.
Wenigstens müffelt es
hier drinnen schön faulig.

Auf allen vieren robben sie vorwärts.
Nach einer Weile stoßen sie
an eine schwere Eisenklappe.
Sie drücken kräftig dagegen,
und die Klappe springt klirrend auf.

„Sind wir schon da?",
fragt das eine Olchi-Kind.
Sie laufen eine Treppe hoch
und stehen in der Hotelhalle.
Wie schrecklich sauber hier alles ist!

„Lausiger Käsefuß",
flüstert das andere Olchi-Kind.
„Und wo gibt es hier Seife?"
Sie schleichen unbemerkt
den blitzblanken Hotelflur entlang.

Eine Zimmertür steht offen,
und sie schlüpfen hinein.
„Schau mal da!"
Das andere Olchi-Kind
deutet auf das offene Badezimmer.

Auch hier stinkt es
entsetzlich nach Parfüm.
Tatsächlich!
Auf dem Waschbecken
liegt ein Stück Seife.

Das eine Olchi-Kind hält die Luft an
und steckt sich die Seife
todesmutig in die Hosentasche.

„Geschafft!",
sagt das andere Olchi-Kind.
„Jetzt nichts wie raus hier!"

6. Olga deckt auf

Kurz darauf
zeigen die Olchi-Kinder
Othello stolz ihre Beute.
„Nicht schlecht", meint Othello.
„Und jetzt einseifen!
Ich will Schaum sehen!"

Er läuft los, um Wasser zu holen.
Den Olchi-Kindern wird mulmig.
Noch nie haben sie sich
mit Parfümseife gewaschen.
Sie können sich
nichts Schlimmeres vorstellen!

In diesem Moment kommt
Tante Olga nach Hause.

„Schattige Sumpf-Morchel!
Wen haben wir denn da?",
begrüßt sie die Olchi-Kinder.

Olga freut sich über den Besuch.
„Dann will ich uns gleich mal
ein feines Teer-Süppchen kochen!",
ruft sie
und holt einen großen Topf
voll schwarzer Brühe.

Sie schnappt sich das Seifenstück
und wirft es in die Suppe.
„Seife macht die Suppe cremig",
meint sie.

Die Olchi-Kinder sind schockiert.
„Wir müssen uns doch
damit waschen!", kreischen sie.

„Waschen?", fragt Olga ungläubig.
„Seid ihr verrückt?
So was gehört sich nicht!"

„Ohne Seife können wir
die Mutprobe nicht machen!",
jammert das eine Olchi-Kind.
„Wir wollen doch
zur Muschel-Bande gehören!"

„Welche Muschel-Bande denn?",
fragt Olga.

„Othello hat gesagt,
nur die Allermutigsten
dürfen dazugehören",
erklärt ihr das andere Olchi-Kind.
„Zwei Prüfungen haben wir
schon geschafft.
Wir wollen so mutig sein wie Othello!"

Olga lacht und sagt:
„Pappiger Hühnerich,
Othello ist doch gar nicht mutig!
Der Hasenfuß hat ja schon Angst,
dass bei Regen
seine Frisur kaputtgeht."

Die Olchi-Kinder
sehen sie erstaunt an.

7. Der Hasenfuß

Da kommt Othello
mit einem Eimer Wasser zurück.
Sofort will er wissen:
„Beim Quallen-Furz! Wo ist die Seife?"

„In der Suppe!", sagt Olga lachend.
Othello ruft aufgebracht:
„So bekommt ihr keine Muscheln,
ihr Feiglinge!"

„Selber Feigling!",
sagen die Olchi-Kinder.
„Wir möchten gern sehen,
ob du wirklich so mutig bist,
wie du tust!"

„Äh … wieso denn?",
stottert Othello.
„Ich hab doch
die schwarze Muschel!"

„Wir denken,
du traust dich nicht mal
auf unseren Drachen Feuerstuhl!",
rufen die Olchi-Kinder.

Othello schaut nervös
auf den schlafenden Drachen.

„Wie? Ich soll mich da draufsetzen?
Auf dieses Riesenvieh?
Ich bin nicht schwindelfrei!"

„Du hast die ganze Zeit geschwindelt!
Es gibt gar keine Muschel-Bande!",
ruft das eine Olchi-Kind.

Othello tut empört.
„Natürlich gibt es die Muschel-Bande!
Ich bin eben das einzige Mitglied!"

„Das einzige Mitglied?",
fragt das andere Olchi-Kind verblüfft.

„Na ja, ihr gehört jetzt wohl oder übel
auch dazu", sagt Othello.
„Das Einseifen erlasse ich euch."
Schnell überreicht er
den Olchi-Kindern
zwei schöne schwarze Muscheln.

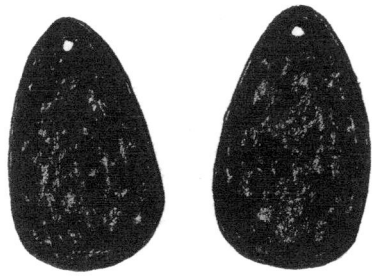

„Na krötig! Wie großzügig von dir",
ruft das eine Olchi-Kind.
„Aber jetzt steigst du auf Feuerstuhl
und zeigst uns,
dass du wirklich mutig bist!"

Zögernd klettert Othello
auf den Drachen.
Die Olchi-Kinder pfeifen laut,
und Feuerstuhl knattert los.

Er macht drei schöne Loopings,
und Othello fängt an zu kreischen.
Dann saust Feuerstuhl
im Sturzflug zurück und bremst
knapp über dem Boden ab.

Mit zitternden Knien
und blassem Gesicht
steigt Othello vom Drachen.
„War doch ein Kinderspiel",
murmelt er.

Die Olchi-Kinder lachen.
„Jetzt hast auch du dir
die schwarze Muschel verdient!",
rufen sie.
Endlich hat die Muschel-Bande
wirklich drei stolze Mitglieder.

Willkommen in der LESESTARTER Rätselwelt

Hast du Lust auf noch mehr Lesespaß?

Dann findest du hier viele tolle Rätsel und spannende Spiele. Auf der nächsten Seite geht es schon los!

Wir wünschen dir viel Spaß!

Lösungen auf Seite 56–57

Kannst du die Bilder den richtigen Sätzen zuordnen?

☐ Die Olchi-Kinder klettern auf ihren Drachen Feuerstuhl.

☐ An Othellos Nase baumelt ein rostiges Vorhänge-Schloss.

☐ Mit einem mutigen Satz springen die Olchi-Kinder ab.

☐ Tante Olga holt einen großen Topf voll schwarzer Brühe.

44

Hast du gut aufgepasst und kannst dich an alle Farben erinnern?

Welche Farbe hat ...

Othellos Haar? _____

Othellos Hose? _____

die Muschel? _____

das T-Shirt vom Olchi-Mädchen?

_____

46

Tante _ _ _ _

_ _ _ _ _ _ _

Olchi- _ _ _ _

Kennst du meinen Namen? Schreibe ihn auf!

Wer bin ich? LESESTARTER

Folge dem geheimen Code und suche im Labyrinth nach der Lösung!

Dein Geheimcode:

2 rechts, 1 hoch

2 hoch, 1 links

2 links, 4 runter

1 runter, 2 rechts

1 runter, 2 links

Lösungswort: _____

Mein Tipp:

Jedes Bild steht für einen Buchstaben.

Auf welchen Seiten findest du diese Ausschnitte?

1

2

3

4

Im unteren Bild sind 5 Fehler. Kannst du sie alle finden?

Fehlerbild

LESESTARTER

Spiel für zwei! Wer schafft die Mutprobe und isst 4 frische Pfirsiche?

Ihr braucht:

1 **Würfel**
2 **Spielfiguren**
7 **Kieselsteine**

52

Würfelt abwechselnd!
Landest du auf einem PFIRSICH?
Dann lege in deinem Feld einen Stein ab.
Landest du auf OTHELLO? Extra-Pfirsich!
Nimm einen Stein weg.

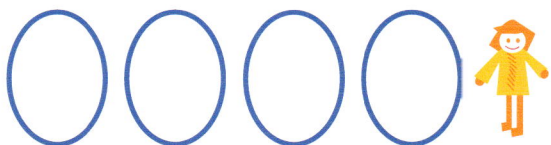

Hast du gut aufgepasst und findest alle Wörter?

An der Wand hängen Tante Olgas

Matsch- ⬚⬚⬚⬚⬚⬚

Othello hat ein Nasen-

⬚⬚⬚⬚⬚⬚⬚⬚

Die Olchi-Kinder

☐☐☐☐**☐**☐☐☐

in das Abwasser-Rohr.

Die Seife stinkt entsetzlich nach

☐☐☐☐☐**☐**

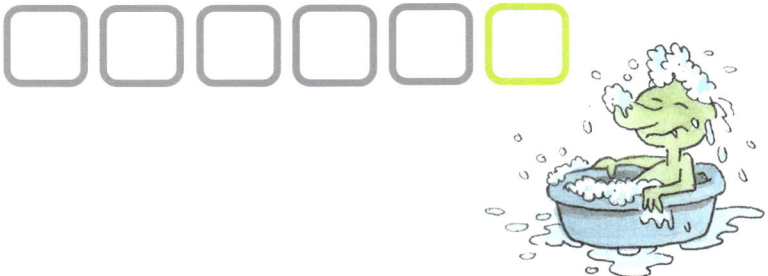

LÖSUNGSWORT:

☐☐☐☐☐☐

55

Lösungen

**Alle Rätsel gelöst?
Hier findest du die
richtigen Antworten.**

Seite 54–55 · Wortsuche
Lösungswort: CREMIG

Seite 51 · Fehlerbild

Seite 50 · Spürnase
1 = Seite 9; 2 = Seite 19;
3 = Seite 17; 4 = Seite 21

Seite 44–45 · Bildsalat
Die Olchi-Kinder klettern
auf ihren Drachen Feuerstuhl. = Bild 4

An Othellos Nase baumelt
ein rostiges Vorhänge-Schloss. = Bild 3

Mit einem mutigen Satz
springen die Olchi-Kinder ab. = Bild 1

Tante Olga holt einen großen Topf voll
schwarzer Brühe. = Bild 2

Seite 46 · Farbenrätsel
Othellos Haar ist knallrot.
Othellos Hose ist blau.
Die Muschel ist schwarz.
Das T-Shirt des Olchi-Mädchens ist weiß.

Seite 47 · Wer bin ich?
Tante Olga, Othello, Olchi-Papa

Seite 48–49· Geheimes Labyrinth
Lösungswort: mutig

MIX
Papier | Fördert
gute Waldnutzung
FSC® C002795
FSC
www.fsc.org

3. Auflage
© 2016, 2019 Verlag Friedrich Oetinger GmbH,
Max-Brauer-Allee 34, 22765 Hamburg

© Text: Erhard Dietl
© Titelbild und farbige Illustrationen: Erhard Dietl
Einband- und Reihengestaltung von Andrea Pieper
Reproduktion: Domino Medienservice, Lübeck
Druck und Bindung: Livonia Print SIA,
Jūrkalnes iela 15/25, LV-1046 Riga, Lettland
*Printed 2025/2
ISBN 978-3-7891-1095-5

www.olchis.de
www.erhard-dietl.de
www.oetinger.de